Conhecer-se é amar a si próprio

Conhecer-se é amar a si próprio

Exercícios para desenvolver a autoconsciência e para realizar mudanças positivas e encorajadoras

Lynn Lott, M.A., M.M.F.T

Marilyn Matulich Kentz

Dru West, M.F.T

Prefácio de Jane Nelsen, autora da série
Disciplina Positiva

Tradução de Fernanda Lee e Lídia Lino Rezende

Manole

Título original em inglês: *To know me is to love me – exercises to help you accept yourself without judgment and make positive changes in your day-to-day living*
Copyright © 2015 by Lynn Lott, Marilyn Matulich Kentz e Dru West. Todos os direitos reservados.
Publicado mediante acordo com Encouragement Consulting, Califórnia, EUA.

Esta publicação contempla as regras do Novo Acordo Ortográfico da Língua Portuguesa.

Editora-gestora: Sônia Midori Fujiyoshi
Produção editorial: Cláudia Lahr Tetzlaff

Tradução:

Fernanda Lee
Mestre em Educação, treinadora certificada em Disciplina Positiva para pais e professores, membro e conselheira internacional do corpo diretivo da Positive Discipline Association (PDA), fundadora da Disciplina Positiva no Brasil
www.disciplinapositiva.com.br | www.facebook.com/disciplinapositivaoficial

Lídia Lino Rezende
Jornalista pelo Centro Universitário de Belo Horizonte (UniBH), educadora em Disciplina Positiva pela Positive Discipline Association e tradutora de cursos e eventos internacionais de Disciplina Positiva promovidos pela PDA Brasil

Revisão de tradução e revisão de prova: Depto. editorial da Editora Manole
Diagramação: Anna Yue
Ilustrações cedidas pelas autoras
Capa: Ricardo Yoshiaki Nitta Rodrigues
Imagem da capa: istockphoto

CIP-BRASIL. CATALOGAÇÃO NA PUBLICAÇÃO
SINDICATO NACIONAL DOS EDITORES DE LIVROS, RJ

L897c

Lott, Lynn
    Conhecer-se é amar a si próprio : exercícios para desenvolver a autoconsciência e para realizar mudanças positivas e encorajadoras / Lynn Lott, Marilyn Matulich Kentz, Dru West ; tradução Fernanda Lee, Lídia Lino Rezende. - 1. ed. - Barueri [SP] : Manole, 2019.
    96 p. : il. ; 22 cm.

    Tradução de: To know me is to love me : exercises to help you accept yourself without judgment and make positive changes in your day-to-day living
    ISBN 9788520460986

    1. Motivação (Psicologia). 2. Autoconsciência. 3. Autorrealização. I. Lee, Fernanda. II. Rezende, Lídia Lino. III. Título.

19-57987
                                   CDD: 158.1
                                   CDU: 159.923.2

Vanessa Mafra Xavier Salgado - Bibliotecária - CRB-7/6644

Todos os direitos reservados.
Nenhuma parte deste livro poderá ser reproduzida, por qualquer processo, sem a permissão expressa dos editores. É proibida a reprodução por fotocópia.
A Editora Manole é filiada à ABDR – Associação Brasileira de Direitos Reprográficos.

Os nomes e as características dos pais e crianças citados na obra foram modificados a fim de preservar sua identidade.

Edição brasileira – 2019

Direitos em língua portuguesa adquiridos pela:
Editora Manole Ltda.
Av. Ceci, 672 – Tamboré – 06460-120 – Barueri – SP – Brasil
Fone: (11) 4196-6000 | www.manole.com.br | https:// atendimento.manole.com.br

Impresso no Brasil | *Printed in Brazil*

Dedicado aos nossos pais e mães, que nos ensinaram sobre coragem.
Com agradecimento especial a Julio Velasco, que nos ajudou a tornar a revisão possível; e a Wendy Barton, cujas habilidades, gentileza e esperteza foram imensuráveis durante todo o processo de edição, ajudando a fazer deste livro uma ferramenta útil para aqueles que buscam encorajamento em todos os lugares.

SUMÁRIO

Sobre as autoras   ix
Prefácio   xi

Capítulo 1   Introdução: a busca por autoestima   1
Capítulo 2   O início da autoestima   9
Capítulo 3   Mensagens do passado   15
Capítulo 4   Sentindo-se amado   19
Capítulo 5   Círculo sem autoestima   29
Capítulo 6   Quando a autoestima está ameaçada   33
Capítulo 7   Mapas da memória: encontrar a criança interior   41
Capítulo 8   Curar a autoestima   47
Capítulo 9   As faces dos sentimentos   53
Capítulo 10   Usar os sentimentos de forma eficaz   55
Capítulo 11   Desvendar a raiva   59
Capítulo 12   Pensar, sentir, agir   65
Capítulo 13   Estabelecer objetivos   71
Capítulo 14   Compreensão   77

SOBRE AS AUTORAS

Marilyn Matulich Kentz frequentou o Family Education Center em Petaluma, Califórnia. Seus filhos, agora adultos, eram crianças pequenas e decididas na época, e ela sabia que precisava de educação e apoio. Foi lá que ela conheceu a mentora, Lynn Lott, e foi apresentada à psicologia Adleriana. Depois de participar de aulas semanais durante vários anos, e após vivenciar o quanto a prática da Disciplina Positiva funcionou com seus filhos, ela começou a estudar as filosofias de Alfred Adler e Rudolph Dreikurs. Ela é coautora de dois livros com Lynn Lott – *Conhecer-se é amar a si próprio* – um livro de exercícios baseado nas teorias Adlerianas de desenvolvimento da autoestima e *Family work: whose job is it?* (Trabalho em família – de quem é a responsabilidade?) – um guia para pais e mães envolverem os filhos nas tarefas domésticas. Antes que pudesse continuar com sua formação acadêmica, Hollywood a chamou. Com sua atenção em outro lugar (Hollywood, TV e palcos), foi somente a partir de 2000 que sua experiência com educação familiar, que tinha ficado em segundo plano, passou à vanguarda. Desde então, Kentz tem ministrado oficinas de Disciplina Positiva e orientado muitos pais em atendimentos particulares.

Dru West é uma terapeuta de casais e família licenciada em atendimentos particulares por mais de 25 anos em Petaluma, Califórnia. Ela é casada e mãe de quatro filhos. Ela aprendeu pela primeira vez os princípios da psicologia Adleriana quando seus filhos eram pequenos por meio do programa de treinamento de Lynn Lott no Family Education Center. Esses princípios ajudaram a formar uma base sólida para entender a si mesma e aos outros, que ela continua a usar em seu trabalho profissional. West participa de um grupo que tenta promover mudanças em relação ao controle hormonal de natalidade e à segurança da informação oferecida às mulheres pelos profissionais de saúde e pela Food and Drug Administration (FDA). West também é coautora da primeira edição deste livro, em 1990.

Lynn Lott, MMFT, MA, é a fundadora dos treinamentos de consultores em encorajamento, cofundadora da Positive Discipline Association e fundadora colaborativa da Disciplina Positiva nos Estados Unidos. Lynn tem ensinado psicologia Adleriana e Disciplina Positiva desde 1968 e tem trabalhado com atendimentos particulares na maior parte da sua carreira, ajudando pais e mães, casais e indivíduos. Ela é autora de 20 livros, incluindo vários da série Disciplina Positiva. Seus cursos são populares nos Estados Unidos e na China, onde oferece treinamentos uma vez ao ano. Seus treinamentos em DVD são atualmente utilizados em 59 países.

PREFÁCIO

Jennifer se lembra de uma vez em que sua mãe estava muito ocupada para passar tempo com ela. Ela se perguntava se era importante para sua mãe. Com a sabedoria de seus quatro anos de idade, ela respondeu a essa pergunta com "Não, eu não sou importante". Mesmo sem estar consciente de sua decisão, Jennifer prosseguiu com sua vida, tentando provar que ela era importante. Como já havia decidido que não era, não podia aceitar nenhuma evidência do contrário. Entretanto, estava muito disposta a aceitar evidências que apoiassem sua decisão de que ela não era importante.

Assim como explico para meus clientes quando utilizo uma atividade chamada "Perguntas de adivinhação", entender as questões que nos foram apresentadas durante os anos de nossa infância, e nossas respostas a essas perguntas, pode nos ajudar a entendermos a nós mesmos. É interessante que, mesmo que não estejamos conscientes das perguntas ou das respostas, frequentemente baseamos nossas vidas nessas respostas.

Quando Jennifer reviveu a memória que a levou a acreditar que ela não era importante, ela usou sua "varinha mágica" para recriar um resultado muito diferente e uma nova crença. Ela agora sabe que, toda vez que sente aquele frio na barriga, está reagindo à crença antiga. Esse se torna o sinal para que ela acesse as novas crenças e habilidades, que são mais apropriadas hoje.

Conhecer-se é amar a si próprio inclui muitos exercícios e processos que nos ajudam a nos tornar conscientes de algumas crenças que adotamos na infância

– crenças que nos levam para longe de nossa autoestima natural e criam problemas que dificultam a alegria de viver. Uma vez que nos tornamos conscientes de como e por que criamos essas crenças, podemos recriar novas crenças e habilidades que nos servirão melhor e nos trarão de volta para nosso senso inerente de autoestima.

Este livro pode ser extremamente útil para indivíduos que estão dispostos a dedicar um tempo para praticar cuidadosamente os exercícios sugeridos. Ele pode servir como uma forma de praticar o autoconhecimento ou pode ser usado em conjunto com terapias mais formais.

Os exercícios e processos delineados neste livro têm sido utilizados por muitos terapeutas, grupos e professores que consideram que eles são ferramentas eficazes e encorajadoras para o uso com seus clientes e alunos a fim de aumentar a autoconsciência e as habilidades práticas.

Este é um livro de "exercícios" para aqueles que apreciam o estimulante exercício do crescimento pessoal. Eu vivenciei pessoalmente todas as atividades deste livro e acho que elas são muito proveitosas e esclarecedoras. Algumas têm sido usadas mais de uma vez para que ocorra cada vez mais o aprofundamento da consciência.

Eu recomendo enfaticamente *Conhecer-se é amar a si próprio* como um investimento importante em você. Permita-se levar o tempo necessário para ir fundo nos exercícios e processos – consigo mesmo, em um grupo, com um terapeuta ou em uma aula. Aproveite o processo do seu próprio crescimento pessoal.

Jane Nelsen

1

INTRODUÇÃO: A BUSCA POR AUTOESTIMA

Os ingredientes-chave na jornada para se tornar um consultor em encorajamento são:

- Coragem para ser imperfeito.
- Coragem para se aceitar do jeito que você é.
- Coragem para se arriscar – tentar novos comportamentos.
- Coragem para se desapegar.

Qualquer coisa que valide, aceite e reconheça quem você é em qualquer momento – sem julgamentos, comparações, "deveria" e "tem que" – aumenta a autoestima.

As atividades neste livro ajudam nestas três áreas:

1. **Autoconsciência:** como descobrir quem você é e como você se vê neste exato momento.

2. **Aceitação:** como aceitar a si mesmo abrindo mão de julgamentos, críticas, comparações, "deveria" e "tem que".

3. **Ação:** como ter coragem para fazer a lição de casa no mundo real criando novas opções e aprendendo com seus erros.

Pergunta: De onde vem o encorajamento?

Resposta: O encorajamento vem de decisões que você tomou sobre o que viu acontecendo ao seu redor e a você. Você começou a tomar essas decisões muito antes de que você sequer tivesse as palavras ou a linguagem.

Pergunta: Onde eu estava quando isso aconteceu?

Resposta: Provavelmente na sua família.

Pergunta: Como minhas decisões a meu respeito me desencorajaram?

Resposta: Quando você cometeu o erro de pensar que era bom o suficiente somente SE ou QUANDO se comportava de uma certa maneira para que os outros lhe amassem, ou quando você tomou a decisão de que não era bom o suficiente, então por que se importar? Isso começou quando você passou a se comparar com os outros (com seus pais, irmãos, primos, ou outras pessoas na vizinhança) e acreditou que eles eram melhores, mais fortes, mais inteligentes, mais destemidos, mais talentosos ou mais corajosos que você. Isso também começou quando você passou a acreditar que era culpa sua quando os outros estavam zangados consigo e quando problemas aconteciam ao seu redor, ou quando acreditou nas afirmações negativas que outra pessoa fez sobre você.

Desencorajamento
é a perda da coragem.
Um medo de que você tem que ser cuidadoso
e fazer certas coisas, ou ser de um certo jeito,
para que então as pessoas lhe amem. Desencorajamento é desistir,
decidir que você já perdeu o amor ou o respeito
e que não há como recuperá-los.
Você precisa recuperar sua coragem,
porque com coragem
uma pessoa pode fazer qualquer coisa!

É o esforço que conta,
a ação,
a tentativa,
o fazer acontecer.

Quem não arrisca, não petisca.
O medo de cometer um erro paralisa sua ação.
A coragem lhe permite se mover e aceitar que erros
são parte de ser humano.
Não é o erro que é importante, mas o que você aprende
com ele, e o que você faz depois que ele acontece é o que conta.

Não há limites para o que uma pessoa pode fazer?
Não se o que uma pessoa faz é
respeitoso com ela e com os outros.

Introdução: a busca por autoestima

Lembre-se... Qualquer coisa que valide, aceite e reconheça quem você é em qualquer momento – sem julgamentos, comparações, "deveria" e "tem que" – é encorajamento. Quando você se sente encorajado é mais fácil ter coragem para ir adiante, tentar novos comportamentos e criar novas opções no mundo real.

Além de autoconsciência e aceitação, você precisa de ação. Nós chamamos isso de fazer a sua "lição de casa" no mundo real. As atividades neste livro foram preparadas para lhe ajudar a cumprir esta tarefa.

Quem possui coragem?
Cada indivíduo.
E quanto mais você se conhece e se aceita
por quem você é
maior a coragem.

Use os 3 A

Cada atividade neste livro foi preparada para que, ao final de cada seção, você tenha uma folha de resumo de exercícios de encorajamento que lhe mostre:

Autoconsciência	Como você vê a si próprio neste exato momento. A afirmação do resumo começa com as palavras *Eu sou uma pessoa que.*
Aceitação	Como você pode se livrar do julgamento e aceitar a si mesmo neste exato momento. A afirmação do resumo começa com as palavras *Sem julgamento.*
Ação	Como você pode usar essa aceitação de si mesmo a fim de instigar a coragem para fazer a "lição de casa" no mundo real. As afirmações do resumo começam com as palavras *Com coragem para fazer a lição de casa no mundo real, um pequeno passo que eu posso dar é.*

A maioria de vocês, na maior parte do tempo, fez o que era preciso para satisfazer as necessidades das situações em que se encontravam; mas, às vezes, se sentiram inseguros, preocupados ou temerosos de que as coisas não saíssem do seu jeito ou de que vocês não seriam amados. Você perdeu sua coragem porque começou a acreditar que não era bom o suficiente da maneira como era. Sua autoestima foi ameaçada. Você se sentiu inadequado, envergonhado e culpado, e pensou que não conseguiria estar à altura.

Introdução: a busca por autoestima

Quando era criança você cometeu outro erro.
Você não percebeu que era bom o suficiente do jeito que era.
Você não sabia que não precisava fazer nada especial para ser amado.

1. Quando nasceu você era bom o suficiente exatamente do jeito que era.
   ────────────────X────────────────
   Bom o suficiente

2. Em um determinado momento, você pensou que não era bom o suficiente, e acreditou que isso era uma desvantagem.
   – ────────────────X────────────────

3. Quando isso aconteceu, sem pensar, você começou a compensar. Ou seja, tentou fazer algo que acreditava que provaria que você realmente estava bem, algo para receber amor. Seu raciocínio era muito "oito ou oitenta" porque você era uma criança pequena na época. E você decidiu coisas como:

4. Todas essas tentativas de provar seu valor lhe levaram para mais longe do que realmente era você.

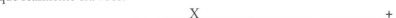

5. Conforme você aprende a se tornar um consultor em encorajamento, encontrará caminhos de volta ao "X", o lugar onde sabe que é bom o suficiente do jeito que você é.

2

O INÍCIO DA AUTOESTIMA

Para saber como você se viu pela primeira vez, vamos dar uma olhada em algumas decisões que você tomou a seu respeito quando era apenas uma criança pequena.

Quando era criança, você vivia em uma família. Frequentemente, você pensava que as coisas eram "oito ou oitenta". Às vezes, você pensava que a família era como uma torta, com apenas algumas fatias para cada um. Você pode ter pensado que, se uma fatia da torta tivesse sido escolhida, você teria que pegar uma fatia diferente.

Você tomou decisões sobre quem era ao se comparar a seus irmãos e irmãs. Se você era filho único, você se comparava a seus pais, primos ou crianças do bairro. As conclusões que você tirou sobre si mesmo quando era criança permaneceram consigo a sua vida inteira.

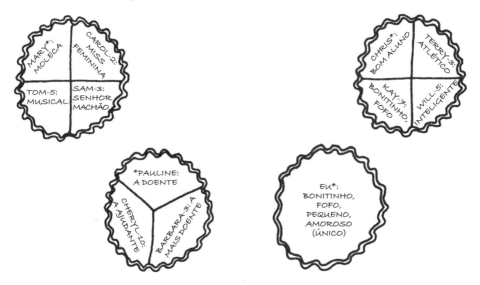

Você pode descobrir quais decisões tomou sobre quem você achava que era na torta da família por meio do exercício a seguir.

Preencha os espaços da sua torta da família.

Atividade:

1. Escreva os nomes de todas as crianças da família, incluindo você, usando uma fatia da torta para cada pessoa. Coloque a diferença (com o sinal de mais ou menos) da sua idade para cada criança. Inclua os nomes de crianças que morreram. Se você tem mais de uma família (p. ex., uma família mista etc.), use os nomes das pessoas que você considera como sua família. Coloque uma estrela ao lado do seu próprio nome.

2. Escreva duas ou três palavras que descrevam cada pessoa quando vocês eram crianças, incluindo você.

3. Note como você decidiu que cada pessoa era diferente e especial.

4. Observe o que você decidiu sobre si mesmo.

5. Você ainda se sente dessa maneira hoje em dia?

6. Como essa decisão afeta sua vida?

As fatias na sua torta familiar demonstram como as pessoas da sua própria família aprenderam sobre compensação, ou, pelo menos, como você acha que você compensa. Como uma criança em crescimento, você teve que descobrir, organizar e dar sentido a muitas coisas. Você era um bom observador, mas suas conclusões sobre o que observou não eram tão boas, então compensou isso.

Ao olhar para a torta hoje, por meio dos seus olhos de adulto, você pode lembrar a si mesmo de que é mais complexo do que aquelas situações de "oito ou oitenta" da sua infância. Você também pode pensar se está fazendo coisas que lhe mantêm no mesmo pedaço de torta hoje.

"O MUNDO GIRA EM TORNO DE MIM!"

Conhecer-se é amar a si próprio

FOLHA DE RESUMO DA AUTOESTIMA

Autoconsciência

Nesta atividade eu aprendi:

Eu sou uma pessoa que é _____
_____
_____
_____

(Preencha com os adjetivos que você usou para descrever a si mesmo em sua família.)

Aceitação

Você escuta uma voz interior? Ela está discutindo? Julgando? Explicando? Defendendo? Protegendo? Comparando? Limitando?

Qual? _____

Para aceitar a si mesmo, escolha a afirmação que combina com você ou crie a sua própria.

1. Tudo bem ser diferente dos meus irmãos. Diferenças tornam o mundo mais interessante.

2. Não é interessante que eu ainda me veja dessa forma?

3. Eu notei que tenho dificuldades para aceitar algumas dessas qualidades.

4. Só porque escrevi uma qualidade para um irmão ou irmã não significa que ela não se aplica a mim.

5. Eu não tenho que limitar minha visão a meu respeito só com essas qualidades.

6. Eu me aceito apesar das minhas falhas e imperfeições.

7. _____

Ação

Com coragem para fazer a lição de casa no mundo real, escolha um pequeno passo que você poderia dar na lista seguinte, agora que você tem aquela informação sobre si mesmo. (Apenas escolha uma por enquanto. Você sempre pode fazer mais depois.)

1. Compartilhe os adjetivos que escreveu com alguém e peça-lhe para repeti-los para você.

2. Pratique dizer "Eu sou (seus adjetivos)" para ver o que acontece.

3. Procure as formas pelas quais esses adjetivos limitam você agora.

4. Permita-se ser exatamente quem você é.

5. Encontre a qualidade que você acha que somente seu irmão tem e conte como você também a possui.

6. Observe se você tem uma descrição muito negativa ou limitada de um de seus irmãos e encontre formas de expandir seu conhecimento sobre essa pessoa.

7. Observe com quem você está se comparando e por quê. Desapegue!

3

MENSAGENS DO PASSADO

Baseado em um *workshop* de Maxine Ijams.

As conclusões às quais você chegou quando era criança são frequentemente as mesmas ideias que você tem sobre a vida hoje. Você atua em um corpo adulto, no seu mundo adulto, com a mentalidade da sua infância.

Você carrega essas conclusões e mensagens antigas como bagagens. Quais são algumas das suas bagagens?

Para descobrir, preencha os espaços em branco nas malas com qualquer coisa que vier à sua mente quando você ler as palavras seguintes, ou pensar nas mensagens que recebeu quando era criança sobre cada uma destas categorias.

Atividade (preencha os espaços em branco):

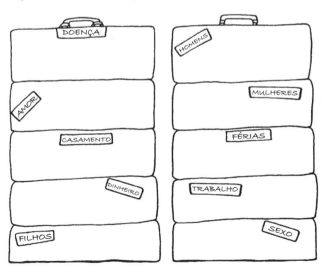

As mensagens que você recebeu quando era criança se tornaram crenças que você mantém como adulto.

FOLHA DE RESUMO DA AUTOESTIMA

Autoconsciência

Nesta atividade eu aprendi:

Eu sou uma pessoa que acredita _____
_____
_____

(Preencha com uma das suas mensagens ou conclusões antigas de uma das malas.)

Aceitação

Sem julgamento. Escolha a afirmação que combina com você ou crie a sua própria.

1. Tudo bem que minha bagagem seja diferente da bagagem de outra pessoa.

2. Não é interessante que isso apareceu para mim?

3. Não é interessante que essa mentalidade antiga ainda esteja comigo?

4. Eu tenho notado como esse pensamento tem me limitado.

5. Eu não tinha ideia de que isso era algo que criei quando criança, e é uma surpresa saber de onde isso veio.

6.

Ação

Com coragem para fazer a lição de casa no mundo real, pergunte a si mesmo se sua crença está criando prejuízos para você ou não. PREJUÍZO é fazer mais ou fazer menos do que precisa ser feito.
Se sim, afirme como:
_____
_____
_____

SE ELA ESTIVER, então pense em um pequeno passo que você poderia dar a fim de usar essa informação para enriquecer sua situação atual. Alguns passos podem ser:

1. Compartilhar sua crença com alguém.

2. Ouvir as crenças de outras pessoas e ver se você gostaria de ter a atitude delas.

3. Ouvir as crenças de outras pessoas e fazer o oposto.

4. Fazer um plano de ação de algo que você poderia fazer na próxima semana para melhorar sua situação.

Meu passo vai ser:

_____

_____

_____

_____

SE A SUA CRENÇA NÃO ESTÁ CAUSANDO PRE-JUÍZO, então sua lição de casa no mundo real pode ser escrever como essa crença lhe ajudou a crescer. Escreva.

Essa crença me ajudou_____

_____

_____

_____

Nota: às vezes essa bagagem pode trazer problemas para você, especialmente nos relacionamentos. Você pode pensar que os outros veem o mundo exatamente como você vê, mas eles carregam bagagens diferentes. Quando bagagens diferentes se chocam e ambos pensam que o jeito deles é o jeito certo, é hora de desenvolver uma atitude de curiosidade, em vez de brigar para estar certo e acabar em uma disputa por poder. Você pode praticar fazendo essa atividade com um amigo ou parceiro, e depois compartilhar suas respostas entre vocês.

4

SENTINDO-SE AMADO

Esta atividade foi primeiramente apresentada por Gloria Lane.

A família é o primeiro lugar onde você aprende sobre amor. A maior parte do que aprendeu aconteceu em uma idade tão tenra que você normalmente não pensa sobre o que aprendeu ou como aprendeu. Seus pais lhe tratavam de maneira que você vivenciou se sentir amado, e descobriu formas de mostrar a seus pais que você se importava com eles. Essas experiências iniciais moldam a forma como você se sente e demonstra amor hoje. O que faz cada um de vocês se sentir amado varia de pessoa para pessoa por causa das diferenças nessas experiências iniciais e o que você decidiu sobre elas. As formas como você e outros demonstram amor também são variadas.

Para entender suas decisões iniciais sobre o amor, preencha os espaços em branco a seguir. (Há um quadro de questões duplicado para seu parceiro usar, se você quiser fazer esta atividade com ele ou ela.)

VOCÊ

1. Quem você acha que foi seu cuidador principal ou mentor adulto desde o nascimento até seu primeiro ano de vida?
   _____

2. Quem era seu cuidador ou mentor adulto preferido quando você era uma criança em desenvolvimento?
   _____

3. Quando era uma criança em desenvolvimento, como demonstrou para seu cuidador principal ou mentor adulto (n. 1) que você o amava?

_____

_____

4. Como seu cuidador principal ou mentor adulto (n. 1) demonstrava para você que ele(a) lhe amava quando você estava crescendo?

_____

_____

_____

5. Quando era uma criança em desenvolvimento, como você demonstrou para seu cuidador ou mentor adulto preferido (n. 2) que você o amava? (Preencha somente se você teve um cuidador ou mentor preferido.)

_____

_____

_____

6. Como seu cuidador ou mentor preferido (n. 2) demonstrou a você que ele(a) lhe amava quando você estava crescendo?

_____

_____

_____

(Se você usar palavras como "ser bom", "ser responsável" etc., tente definir o que isso significa mais claramente. Por exemplo: "ser bom" pode significar, na realidade, "fazer as tarefas na hora certa" ou "ficar quieto" ou "fazer o que me pediram".)

SEU PARCEIRO

1. Quem você acha que foi seu cuidador principal ou mentor adulto desde o nascimento até o seu primeiro ano de vida?

_____

2. Quem era seu cuidador ou mentor adulto preferido quando você era uma criança em desenvolvimento?

_____

3. Quando era uma criança em desenvolvimento, como demonstrou para seu cuidador principal ou mentor adulto (n. 1) que você o amava?

_____

_____

_____

4. Como seu cuidador principal ou mentor adulto (n. 1) demonstrava para você que ele(a) lhe amava quando você estava crescendo?

_____

_____

_____

5. Quando era uma criança em desenvolvimento, como demonstrou para seu cuidador ou mentor adulto preferido (n. 2) que você o amava? (Preencha somente se você teve um cuidador ou mentor preferido.)

_____

_____

_____

6. Como seu cuidador ou mentor preferido (n. 2) demonstrou a você que ele(a) lhe amava quando você estava crescendo?

_____

_____

_____

(Se você usar palavras como "ser bom", "ser responsável" etc., tente definir o que isso significa mais claramente. Por exemplo: "ser bom" pode significar, na realidade, "fazer as tarefas na hora certa" ou "ficar quieto" ou "fazer o que me pediram".)

Se você fizer esta atividade com seu parceiro, veja se a forma como você demonstra amor combina com a forma como seu parceiro se sente amado. Se não, isso não é incomum, mas é uma informação útil para ajudá-los a entender seu relacionamento.

O que essa informação significa? Vamos dizer que você acabou de completar as questões e descobriu que você demonstra amor:

AJUDANDO COM AS TAREFAS

OU

FAZENDO O QUE LHE PEDIRAM

OU

ABRAÇANDO

OU

ACARICIANDO AS COSTAS DE ALGUÉM

OU

INDO BEM NA ESCOLA

OU

TRABALHANDO DURO.

Às vezes, você faz essas coisas e as pessoas ao seu redor reclamam porque elas não se sentem amadas. Você se sente magoado, bravo, confuso. Como isso pode acontecer?

Talvez, se olhasse as respostas delas você descobriria que elas se sentem amadas quando

 ALGUÉM É BRINCALHÃO COM ELAS

ou

ALGUÉM COZINHA UMA BOA REFEIÇÃO TODA NOITE

ou

ALGUÉM OS DEIXA SOZINHOS

ou

ALGUÉM OS DEIXA ESTAR NO COMANDO

ou

ALGUÉM RELAXA COM ELES.

Considere algumas possibilidades para a sua vida.

Se você escreveu "Eu não demonstrei ou senti amor" ou "Não me lembro", pode significar que você não percebeu quando alguém estava demonstrando amor por você ou pode significar que, como você não tem nenhum modelo, pode estar aberto a aprender formas de demonstrar amor.

Agora pegue as respostas que você escreveu para as questões e as transfira para as caixas correspondentes para descobrir seu modelo atual de demonstrar e sentir amor. Inclua também as respostas do seu parceiro.

QUADRO SENTINDO-SE AMADO

Você	Seu parceiro
Insira sua resposta para n. 3	Insira a resposta do seu parceiro para n. 4
Insira sua resposta para n. 5	Insira a resposta do seu parceiro para n. 6

DEMONSTRA AMOR

SENTE-SE AMADO QUANDO

Insira sua resposta para n. 4	Insira a resposta do seu parceiro para n. 3
Insira sua resposta para n. 6	Insira a resposta do seu parceiro para n. 5

SENTE-SE AMADO QUANDO

DEMONSTRA AMOR

FOLHA DE RESUMO DA AUTOESTIMA

Autoconsciência

Nesta atividade eu aprendi:

Eu sou uma pessoa que demonstra amor por meio de (suas respostas para n. 3 e 5) _____
_____
_____

e sente-se amada quando (sua resposta para n. 4 e 6) ____
_____
_____

Aceitação

Sem julgamento, escolha uma afirmação para aceitar a si mesmo neste exato momento.

1. Eu posso afirmar que demonstrar amor e me sentir amado dessas maneiras é a forma mais natural de expressão para mim.

2. Eu não fazia ideia de que uma decisão que eu tomei há muito tempo afeta meu senso de não me sentir amado hoje.

3. Tenho um ponto de partida.

4. Isto é apenas um padrão sobre o qual eu decidi quando era criança. Eu posso modificá-lo se quiser.

5. (Sua ideia!) _____
_____

Ação

Com coragem para fazer a lição de casa no mundo real, escolha um dos itens abaixo:

1. Olhe para as áreas em que você não se sente amado ou deseja que alguém demonstrasse amor por você. Observe se você está esperando que façam o que seus pais costumavam fazer ou o que você costumava fazer em vez de perceber que eles podem estar demonstrando amor por você da maneira própria deles.

2. Peça a alguém que lhe ame da maneira como você mais se sente amado. Você pode pensar que, se você tiver que pedir alguma coisa, isso não será tão bom. Lembre-se de que as outras pessoas não leem mentes. Elas precisam aprender o que faz você se sentir amado. Se você pedir e elas não lhe derem, não significa que você não é digno de amor. A maneira como elas respondem refere-se à habilidade delas de responder, não a você.

3. Procure identificar as maneiras pelas quais as pessoas que lhe são importantes estão realmente demonstrando amor por você.

4. Pergunte a alguém se a maneira pela qual você demonstra amor faz com que ele se sinta amado. Pergunte se há algo mais que ele gostaria.

5. Quando você demonstra para alguém que o ama fazendo as mesmas coisas que aprendeu quando era criança (Suas respostas para n. 3 e 5), diga a ele: "Eu estou fazendo isso porque te amo. Esta é minha forma de demonstrar amor".

6. Para lidar com qualquer dor que você tenha sobre não se sentir amado, tente falar com alguém sobre seus sentimentos.

7. Comporte-se "como se" você estivesse sendo amado e estivesse amando.

8. Peça a seu parceiro que responda as perguntas desta atividade a fim de que você possa aprender mais sobre ele ou ela.

9. Elabore uma afirmação para si mesmo que diga: "Eu me sinto bem do jeito que está. É bom ter essas informações sobre mim e entender o que eu faço".

Às vezes, você gostaria de fazer uma mudança, mas se coloca dentro de um...

5

CÍRCULO SEM AUTOESTIMA

Agradeço novamente a Gloria Lane.

O círculo sem autoestima é uma rota que você cria na sua mente. É parecido com estar em uma esteira como um hamster. Você pensa que não há saída.

Veja como um círculo sem autoestima se parece.
Siga os números...

1. Eu sou *burro*
_____

2. Se ao menos eu fosse diferente.

3. O que eu faria se fosse diferente? *Eu teria ido para a escola*

4. E então, o que aconteceria? *Provavelmente eu tiraria notas ruins*

5. E depois? *Eu realmente teria que estudar*

6. Você está disposto ou é capaz de fazer isso agora? *Não*_____

7. Por quê? Porque *eu sou burro*
_____

Atividade:

Agora, faça o seu. Escreva algo que você gostaria de mudar sobre si mesmo. Pode ser algo que você não gosta sobre si mesmo ou algo que gostaria que fosse diferente.

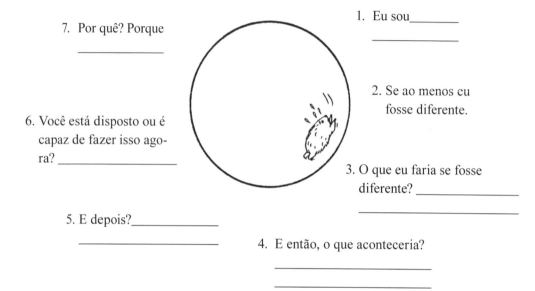

7. Por quê? Porque _____

1. Eu sou_____
   _____

2. Se ao menos eu fosse diferente.

6. Você está disposto ou é capaz de fazer isso agora? _____

3. O que eu faria se fosse diferente? _____

5. E depois?_____
   _____

4. E então, o que aconteceria?
   _____
   _____

Quando preencher seu círculo sem autoestima, note o que você ganha. É isso o que você quer? Se não, volte para dentro do seu círculo e veja como você pode estar se desencorajando com qualquer um dos seguintes comportamentos desencorajadores:

- Comparar-se.
- Julgar a si mesmo.
- Escutar o que os outros dizem e acreditar que as afirmações são sobre você e não sobre eles.
- Criar muitas expectativas.
- Pensar em termos absolutos, por exemplo: sempre, nunca, não posso.
- Acreditar que você jamais poderia mudar e que seus antigos padrões são seus ÚNICOS padrões.

Círculo sem autoestima

Para ENCORAJAR a si mesmo substitua o que você escreveu nos passos n. 3 e 4 do círculo por um dos novos comportamentos seguintes:

SE	ENTÃO
Comparar-se	Foque em seu próprio progresso, aceite as diferenças e aprenda habilidades.
Julgar ou pensar em termos absolutos	Substitua seus "deveria" e "tem que" por "poderia", "podia", "pode" ou "irá". Substitua "sempre" por "às vezes", "nunca" por "talvez" e "não posso" por "não quero".
Ouvir a opinião dos outros	Lembre-se de que o que os outros dizem é uma afirmação sobre eles mesmos, não sobre você.
Criar muitas expectativas ou acreditar que você nunca poderia mudar	A. Pense em um pequeno passo que você poderia dar ou concentre-se em um dia de cada vez. B. Tenha um pouco de CONFIANÇA em si mesmo! C. Passe tempo com pessoas que estão ali para lhe encorajar, tais como os vigilantes do peso, grupos de apoio para mulheres ou outros grupos de apoio. D. Pergunte a si mesmo o que você tem medo de perder ou como sua vida seria diferente se você abrisse mão desse problema.

FOLHA DE RESUMO DA AUTOESTIMA

Autoconsciência

Nesta atividade eu aprendi:

Sou uma pessoa que pensa que eu sou _____

_____

(Preencha n. 1 do seu círculo.)

Conhecer-se é amar a si próprio

Aceitação

Sem julgamento, eu tenho uma tendência para _____
_____

(Olhe para o seu círculo e veja se você está agindo de alguma das maneiras a seguir. Escreva quais delas você está usando.)

- Comparar.
- Julgar.
- Pensar em termos absolutos.
- Ouvir a opinião dos outros.
- Criar muitas expectativas.
- Acreditar que não sou capaz.

Após preencher os espaços, diga a si mesmo: "Está tudo bem. Isso é simplesmente o que eu faço".

Ação

Com coragem para fazer a lição de casa no mundo real, escolha a partir da coluna "então" na página 31.

Eu posso _____
_____
_____

6

QUANDO A AUTOESTIMA ESTÁ AMEAÇADA

Baseado em um *workshop* de Bill e Mim Pew.

Enquanto as coisas saem do seu jeito e você não se sente ameaçado, está tudo muito bem. Você vai levando ou cumpre as tarefas da vida, mas, ao sentir-se ameaçado, você aprendeu uma forma de reagir que imagina que vai lhe proteger, salvar seu ego, ou lhe tirar do sufoco.

Você pode reagir assim no *piloto automático* sem nem pensar sobre isso. Essa resposta é um estilo de comportamento que você usa para lidar com situações que ameaçam o seu senso de "*eu*". Isso é chamado de seu "*top card*".

A próxima atividade lhe ajudará a encontrar seu *top card*. Uma vez que você estiver consciente do que é isso, vai perceber quando o utiliza e o que acontece consigo quando você o faz.

Circule a caixa que tem as coisas que você mais quer evitar.

Se estiver difícil decidir qual caixa você circularia, imagine-se tendo que abrir três caixas, mas podendo esconder uma debaixo da cama e nunca ter que abri-la.

Quando a autoestima está ameaçada

Se você escolheu:	Seu *top card* é:	E o que você faz é:
Estresse e dor	Conforto	Escolhe o caminho de menor resistência, deixa frases incompletas, faz piadas, intelectualiza, só faz as coisas que você já faz bem, evita novas experiências, faz o que pode para evitar que as pessoas descubram que você cometeu um erro, não se arrisca se achar que pode ferir os sentimentos de alguém, se esconde e evita.
Rejeição e aborrecimento	Agradar	Age amigavelmente, fofoca em vez de confrontar diretamente, diz "sim" quando quer dizer "não", cede, se preocupa mais com o que os outros querem do que com suas próprias necessidades, tenta consertar tudo e fazer todo mundo feliz.
Crítica e ridicularização	Controle	Faz sozinho, se retrai, manda nos outros, organiza, argumenta, fica quieto e espera que os outros lhe incentivem, reprime seus sentimentos, se certifica de que está tudo certo antes de tomar uma atitude e procrastina.
Insignificância e irrelevância	Superioridade	Inferioriza pessoas ou coisas, corrige os outros, inflige autopunição, fala sobre os absurdos da vida, faz mais do que o necessário, assume excesso de tarefas, se preocupa em fazer sempre melhor e opera à base de "deveria".

O que você ganha quando age no seu *top card*

Quando você age no seu *top card*, ele pode lhe levar a um lugar positivo ou lhe causar problemas.

Top card:	Pontos positivos:	Problemas:
Conforto	Cuida de si e de suas próprias necessidades, pode contar com os outros para ajudar, faz os outros se sentirem confortáveis, é criativo.	Faz com que os outros o tratem de forma especial e deem atenção, se preocupa bastante, mas ninguém sabe o quanto você está assustado, se perde ao compartilhar, faz malabarismo com situações desconfortáveis em vez de confrontá--las, espera ser cuidado em vez de se tornar independente.
Agradar	Tem muitos amigos, as pessoas contam com você, geralmente vê os pontos positivos nas coisas e pessoas.	Provoca ciclos de vingança, sente--se ressentido e ignorado, entra em apuros ao tentar parecer bom quando, na verdade, é mau.
Controle	Organizado, consegue o que quer, capaz de fazer as coisas e resolvê-las, se encarrega das situações, espera pacientemente.	Acaba não sendo próximo das pessoas, ocasiona disputas por poder, acaba adoecendo e evita lidar com as questões quando se sente criticado, fica na defensiva em vez de se abrir, às vezes espera por permissão.
Superioridade	Faz as pessoas rirem, realiza muitas coisas e recebe vários elogios, medalhas ou prêmios, não tem que esperar que outras pessoas lhe falem o que fazer para conseguir realizar as coisas, tem muita autoconfiança.	Visto como "sabichão" ou uma pessoa rude e que insulta, e não sabe que isso é um problema, nunca está feliz porque você podia ter feito mais ou melhor, tem que aturar muitas pessoas imperfeitas ao seu redor, às vezes não faz nada porque parece que há coisas demais a serem feitas.

Se você gostaria de ser amigo de uma pessoa cujo *top card* é:

Conforto	Então você...	Não interrompe, pede comentários deles, escuta silenciosamente, dá espaço para eles, demonstra confiança, não faz por eles, encoraja-os a dar pequenos passos.
Agradar	Então você...	Fala o quanto você os ama, toca-os bastante, mostra aprovação, fala para eles o quanto você aprecia o que eles fazem e o quanto eles são especiais.
Controle	Então você...	Pergunta como eles se sentem, explica-lhes as regras, pede a ajuda deles, diz "está bem", oferece escolhas, possibilita que eles liderem na área que querem, dá permissão, pede conselho, diz que os ama.
Superioridade	Então você...	Fala para eles o quanto são importantes, agradece-lhes por suas contribuições, ajuda-os a notar os pequenos passos, diverte-se com eles.

Conhecer-se é amar a si próprio

FOLHA DE RESUMO DA AUTOESTIMA

Nesta atividade eu aprendi:

Eu sou uma pessoa que automaticamente se move em direção a/ao _____

_____

_____

(Coloque seu *top card*.)

Autoconsciência

Sem julgamento, eu posso afirmar que aprendi uma reação automática de

_____

_____

_____

Aceitação

Com coragem para fazer a lição de casa no mundo real, escolha uma atividade da lista seguinte:

Atividade 1: Observe como outros agem nos seus *top cards*. Lembre-se de que provavelmente eles estão se sentindo assustados ou estressados quando agem no *top card* deles. Anote o que você observou._____

_____

_____

Ação

Atividade 2: Observe-se em uma situação em que você está agindo com seu *top card*. (Procure na coluna três, página 35, por exemplos do que você provavelmente faria.) Quando você se vir agindo no seu *top card*, diga para si mesmo "Não é interessante que eu esteja agindo com meu *top card*?" Anote o incidente. _____

_____
_____
_____
_____

Atividade 3: Se você conseguir se flagrar agindo no seu *top card*, pergunte-se "Eu estou com medo do quê?" e "Qual é a pior coisa que poderia acontecer e eu poderia lidar com isso?" (Use a situação da Atividade 2.) Eu estava com medo de _____

_____
_____
_____
_____
_____

Atividade 4: Se você conseguir identificar seus medos, pode ver outra opção ou quer continuar com o seu comportamento do *top card*? Escreva o que você quer fazer. _____

_____
_____
_____
_____
_____

Atividade 5: Preencha os espaços em branco.
A. Pense em uma situação em que as coisas não estavam indo da forma como você gostaria que elas fossem. Anote.

_____
_____
_____
_____

Conhecer-se é amar a si próprio

B. Qual é o seu *top card*? _____

C. Como você utilizou seu *top card*? O que você fez? _____
_____
_____
_____
_____
_____

D. Qual era o seu medo? _____
_____
_____
_____

E. Quais outras opções você tem? _____
_____
_____

MAPAS DA MEMÓRIA:
ENCONTRAR A CRIANÇA INTERIOR

Muitos dos padrões que você tem como adulto foram formados primeiro na infância. Dentro de cada um de vocês ainda existe uma criança e, frequentemente, ela é a sua parte que está ditando as regras. Esta atividade foi desenvolvida para proporcionar o contato com essa criança interior e conhecê-la melhor.

1. Pense em uma ocasião em que você era jovem e passou por uma perda, dor ou desapontamento. Descreva a situação no quadro n. 1; inclua a sua idade na época.

2. Como você se sentiu naquela ocasião? (Use **As faces dos sentimentos** na p. 53.) Escreva o(s) sentimento(s) no quadro n. 2.

3. Naquela ocasião você tomou uma decisão da qual pode, ou não, estar consciente. O que você decidiu na ocasião? Escreva a sua decisão no balão de pensamento n. 3. (Uma decisão geralmente soa como: "Vou vencê-los pelo cansaço", "Vou brigar e gritar até conseguir as coisas do meu jeito", "Eles não me levam a sério", "Ninguém me escuta" etc.)

4. Agora escreva o que você fez no quadro n. 4. (A ação que você executou na ocasião.)

Conhecer-se é amar a si próprio

Quais situações convidam a criança interior a assumir o controle? Para saber, olhe no quadro n. 1.

Frequentemente, a informação no quadro n. 1 quer dizer alguma coisa. No exemplo a seguir, a informação sobre o gato de estimação diz respeito a uma ocasião em que a pessoa não achava que estava sendo levada a sério e sentiu que estava sendo ignorada.

Quando você olhar mais a fundo esse exemplo, começará a ver como a criança interior montou as peças do quebra-cabeça desta experiência para tomar uma decisão sobre situações nas quais ela acha que não está sendo levada a sério ou quando ela acredita que outros são mais importantes. Neste exemplo, a criança interior decidiu que quando ela não está sendo levada a sério (1) e acha que os outros são mais importantes (3), ela se sente agitada/descontrolada (2) e acredita que tem que gritar para conseguir atenção (4) e que essa é a única forma de conseguir o que quer (5).

Mapas da memória: encontrar a criança interior

Se essa situação aconteceu com você e seu próprio filho, você poderá identificar o padrão bem rapidamente.

Os padrões de infância que foram formados quando vocês eram crianças ainda podem estar ativos em situações que vocês vivenciam hoje como adultos. A maioria de vocês recria esses padrões repetidas vezes. Esse mapa das memórias de infância é uma versão condensada de como você aprendeu a atuar no mundo e mostra como você pensa e se sente, mesmo nos dias de hoje.

Ao observar a situação atual da pessoa do exemplo anterior, nós vemos um padrão similar.

Ter esse mapa pode ser bem útil para retomar seu poder porque, uma vez que você sabe que criou o padrão sozinho – ele não foi criado pelas pessoas ao seu redor – você pode criar um outro padrão, um padrão opcional, se quiser.

FOLHA DE RESUMO DA AUTOESTIMA

Autoconsciência

Nesta atividade eu aprendi:

Eu sou uma pessoa que:

pensa (n. 3) _____
quando (n. 1) _____
acontece e se sente (n. 2) _____
e faz (n. 4) _____
e termina (n. 5) _____

Aceitação

Sem julgamento, eu posso fazer uma das afirmações seguintes (escolha uma):

A. Tudo bem não consertar ou mudar isso. Apenas é bom saber mais sobre a minha criança interior.

B. Eu posso mudar isso quando estiver preparado, se eu quiser.

C. Saber disso é o primeiro passo para mudar as coisas.

Mapas da memória: encontrar a criança interior

Ação

Com coragem para fazer a lição de casa no mundo real, posso fazer uma das atividades a seguir. (Escolha uma que você gostaria de fazer.)

Atividade 1: Esteja consciente do seu padrão.

Atividade 2: Mude seu padrão fingindo que você tem uma varinha mágica e imagine a situação no n. 1 novamente da forma como você gostaria que ela tivesse acontecido. Se você se encontrar querendo usar a varinha mágica para mudar a outra pessoa, pense sobre o que você poderia ter feito para essa mudança acontecer.

Atividade 3: Fale sobre a sua criança interior com seu parceiro ou um bom amigo.

Atividade 4: Faça amizade com sua criança interior e a perdoe, ou peça ao adulto em você para oferecer uma mensagem encorajadora para a criança interior.

Atividade 5: Observe uma situação atual e veja se você continua atuando no padrão antigo. (Preencha o mapa abaixo.)

8

CURAR A AUTOESTIMA

Baseado no livro *Dealing with feelings*, de Ed e Barbara Janoe.

Às vezes, você tem um sentimento com o qual é difícil lidar? Pode ser dor, fome, ciúme, estresse, raiva ou qualquer um de centenas de outros. Você pode reduzir a pressão do sentimento ou aprender mais sobre ele ao fazer esta atividade. Use sua imaginação, permita-se exagerar ou fingir, se necessário.

Atividade:

Pense em um sentimento para com o qual você gostaria de ajuda.

1. Qual é o nome do sentimento?
   _____
   (Procure na p. 53 as palavras para lhe ajudar a nomear o sentimento.)

2. Onde ele está localizado no seu corpo?
   _____
   _____
   _____
   _____
   _____
   _____

3. Como ele se parece no seu corpo? (A esta altura, você pode precisar fingir que vê o sentimento.)

_____

4. Qual a cor dele?

_____

5. Qual o tamanho dele?

_____

6. Qual é a densidade?

_____

7. Quão intenso ele é? (De 1 a 10, sendo 10 alto.)

_____

8. Pense em uma ocasião recente em que você teve esse sentimento e pause a ação naquela hora. Descreva-a.

_____

9. Se você tivesse uma varinha mágica e pudesse mudar qualquer coisa nesta última cena, como você a mudaria?

10. Recorde o momento mais antigo na sua vida e pense em uma memória de infância. Ela pode ou não conter o mesmo sentimento. Se nada vier à mente, qualquer cena do passado servirá. Pare a ação. Descreva-a. (Seja específico e pense em uma ocasião em particular.) *Eu me lembro de uma vez quando tinha _____ anos e* _____

11. Novamente, como você mudaria essa cena com uma varinha mágica? (Você pode não querer mudar absolutamente nada, e tudo bem também.)

12. Agora, olhe para o sentimento novamente.

De que tamanho ele é?
___

Qual é a densidade?
___

Quão intenso ele é?
___

Alguma coisa mudou?
___

Geralmente, o sentimento que você pensou no início será menos intenso a esta altura, ou talvez ele tenha desaparecido. Às vezes, um outro sentimento mais forte aparecerá. Se isso acontecer, apenas refaça a mesma atividade.

Esta atividade é uma forma de auto-hipnose. Pode ser usada para reduzir a dor. Pode ser usada para auxiliar na redução de comportamentos viciantes e pode ser usada como uma atividade de relaxamento.

Você também pode aprender sobre si mesmo e como vai fazer mudanças. Às vezes, ter consciência dessa informação é suficiente, ou pode ser o primeiro passo para mudar sua vida e avançar no seu crescimento pessoal.

Uma forma pela qual você pode aprender sobre si mesmo é entender como você usa a varinha mágica na atividade.

A varinha mágica simboliza como você faz mudanças. Você pode ver como isso funciona na sua própria vida, voltando para a memória mais antiga ou para uma situação de vida atual, como na atividade anterior. Pedimos para você usar ambas porque os sentimentos que você tem agora vêm de decisões que você tomou há muito tempo, mas não percebeu que tomou. Voltar no tempo lhe dá uma visão mais clara da sua decisão original e ajuda a curar um pouco da dor daquela época mais antiga.

FOLHA DE RESUMO DA AUTOESTIMA

Autoconsciência

Nesta atividade eu aprendi:

Eu sou uma pessoa que às vezes se sente _____

_____

(Escreva o sentimento com o qual você trabalhou nesta atividade.)

Aceitação

Sem julgamento, eu posso afirmar que "tudo bem se sentir daquela maneira. Isso é apenas parte do que eu sou".

Ação

Com coragem para fazer minha lição de casa no mundo real, agora que eu tenho essa informação sobre mim:

Conhecer-se é amar a si próprio

1. Meu primeiro passo para usá-la para meu crescimento pessoal poderia ser:

2. Note como você usou a varinha mágica tanto na memória antiga como na situação de vida atual. Como você poderia criar a mudança em si mesmo agora?

3. Se você usou sua varinha mágica para mudar alguém, o que poderia fazer de modo a instigar essa pessoa a se comportar daquela mesma maneira agora ou a criar a mudança que você fez com a varinha mágica?

9

AS FACES DOS SENTIMENTOS

Reproduzido com autorização de Disciplina Positiva.

10

USAR OS SENTIMENTOS DE FORMA EFICAZ

Independentemente do que você sente, isso lhe fala muito sobre si mesmo. Sentimentos não são certos ou errados – eles apenas são. Sentimentos são energias, e essas energias movem você para certas direções. Entretanto, às vezes, seus sentimentos lhe movem para longe do que você realmente quer.

Esta atividade vai lhe ajudar a entrar em contato com os seus sentimentos para que você possa aprender como eles podem lhe ajudar ou lhe impedir de atingir seus objetivos.

Vamos ver como isso funciona.

Atividade:

1. Liste três sentimentos que você sente hoje.
   A. _____
   B. _____
   C. _____

2. Como você gostaria de se sentir?
   A. _____
   B. _____
   C. _____

3. O que você geralmente faz quando tem sentimentos da questão 1 A, B e C?
Sentimento 1 A: _____
Sentimento 1 B: _____
Sentimento 1 C: _____

4. Isso faz com que você alcance os sentimentos que gostaria de ter na questão 2 A, B e C? (Sim ou Não.)
Em 2 A? _____
Em 2 B? _____
Em 2 C? _____

5. Se as suas respostas para a questão 3 não lhe dão os sentimentos que gostaria na questão 2, você pode pensar em outras ações que poderia tomar?

Novo 2 A: _____
_____
_____

Novo 2 B: _____
_____
_____

Novo 2 C: _____
_____
_____

6. Se você está se sentindo travado e não consegue pensar em outras coisas para fazer, o que vem a seguir pode lhe ajudar a criar algumas novas opções.

   a. Converse com alguém e pergunte sobre as ideias dele, ou apenas compartilhe seus sentimentos com ele.
   b. Lembre-se de uma ocasião em que você sentiu os sentimentos da questão 2. O que você estava fazendo naquela ocasião? Você poderia fazer agora qualquer uma daquelas coisas para vivenciar esses sentimentos novamente?

Usar os sentimentos de forma eficaz

c. Pergunte-se: "Se eu tivesse uma varinha mágica, o que faria para ter aqueles sentimentos?"

O que seria? _____

_____

_____

_____

_____

_____

_____

_____

_____

(Às vezes, usar a varinha mágica dessa forma pode lhe destravar e você pode ver novas opções.)

d. O que você diria a um amigo se ele estivesse procurando por novas opções? Finja que você é o amigo e diga para si mesmo.

_____

_____

_____

_____

_____

_____

_____

Conhecer-se é amar a si próprio

FOLHA DE RESUMO DA AUTOESTIMA

Autoconsciência

Nesta atividade eu aprendi:

Eu sou uma pessoa que _____

_____

(Escreva o que você aprendeu sobre si mesmo.)

Aceitação

Sem julgamento, eu posso afirmar: "Sentimentos são apenas sentimentos e eles me levam em uma direção. Eu estou aprendendo em quais direções meus sentimentos me levam e está tudo bem sentir esses sentimentos hoje. Isso é apenas o que eu sinto".

Ação

Com coragem para fazer a lição de casa no mundo real, eu posso fazer outras coisas tais como... (Selecione a questão 5 ou 6 desta atividade.)

_____
_____
_____
_____
_____
_____
_____

11

DESVENDAR A RAIVA

Adaptado do trabalho de Mitch Messer.

O sentimento que é mais difícil de admitir geralmente é a raiva porque, como crianças, vocês foram ensinados que não é bom sentir raiva. Quando vocês eram crianças e estavam próximos de pessoas com raiva, aquilo era perigoso. Quando criança, você geralmente era mandado para o seu quarto quando estava com raiva e seus pais ficavam com mais raiva ainda de você pela própria raiva deles. A maioria de vocês aprendeu que a raiva é algo a ser escondido, mesmo quando você ainda se sente com raiva.

O que muitos de vocês fazem, mesmo como adultos, é guardar a raiva e depois explodir. E, então, ela SE TORNA um sentimento perigoso para se estar próximo.

Sentir-se encorajado depende de observar como você se sente e dar o nome correto ao sentimento. Raiva é apenas um dos vários sentimentos que você é capaz de vivenciar.

Vamos olhar para a sua raiva.

Atividade:

Pense em algo sobre o qual você sente raiva. O que é?

A. _____

_____

_____

Lembre-se de que dissemos que a raiva é apenas um sentimento. Sentimentos estão dentro de você. Às vezes, quando está com raiva, você acha que ele está fora de você. Isto é, você acredita que algo ou alguém o causou. A raiva não é causada. É uma resposta. Para conseguir lidar com o sentimento, é importante entender a que o sentimento está direcionado. A lista a seguir inclui os cinco "objetos de raiva" mais comuns – o alvo para o qual a sua raiva está direcionada. Você consegue encontrar o objeto da sua raiva nesta lista?

B. A raiva está em?

Em você mesmo?

Nos outros?

Na raiva que os outros têm de você?

Na vida?

Em alguém ausente?
(Alguém que morreu, se mudou ou é dependente químico.)

Quando você está com raiva, nota o sentimento, mas, frequentemente, não percebe que antes de notar o sentimento tinha alguns pensamentos passando dentro de você.

Toda pessoa que está sentindo raiva tem algum problema subjacente, ou pensamentos. Para encontrar a causa do problema você precisa continuar se perguntando "O que naquela situação me faz sentir raiva?" até encontrar o problema real enterrado debaixo de um monte de outras razões. Você encontrará o verdadeiro problema quando continuar a se fazer a mesma pergunta e se encontrar voltando com a mesma resposta. Essa é a causa do problema. Tente isso usando o exemplo com o qual você começou.

C. O que naquela situação faz você ficar com raiva?

_____

_____

_____

_____

E o que naquela situação faz você ficar com raiva?

_____

_____

_____

_____

E o que naquela situação faz você ficar com raiva?

_____

_____

_____

_____

E o que naquela situação faz você ficar com raiva?

_____

_____

_____

_____

E o que naquela situação faz você ficar com raiva?

_____

_____

_____

_____

_____

E o que naquela situação faz você ficar com raiva?

_____

_____

_____

_____

_____

D. E agora pergunte a si mesmo se a causa dos problemas são afirmações sobre:

Reconhecimento?
Poder?
Justiça?
Habilidades?

Problemas referentes a **reconhecimento** têm a ver com pensamentos do tipo: "O que as pessoas pensam sobre mim?", "Estou sendo notado?", "Eu mereço tratamento ou serviço especial?", "Que tipo de pessoa eu sou?".

Problemas que se referem a **poder** têm a ver com pensamentos do tipo: "Ninguém pode fazer isso comigo", "Eu deveria ser o chefe", "Eu quero do meu jeito", "Sinto-me impotente e desamparado".

Problemas relacionados a **justiça** têm a ver com pensamentos do tipo: "É injusto", "A vida é injusta", "Não é certo tratar as pessoas dessa forma", "Pessoas não deveriam tratar outras pessoas dessa forma", "Pessoas deveriam ou não deveriam fazer certas coisas", "Eu não faria isso", "Eles são maldosos e ofensivos".

Problemas referentes a **habilidades** têm a ver com pensamentos do tipo: "Eu não consigo fazer isso", "Não está perfeito", "Nunca está bom o suficiente", "Eu não sei como", "Isso é muito difícil", "Eu não quero tentar".

Quais são as causas dos seus problemas?
_____
_____
_____
_____
_____

FOLHA DE RESUMO DA AUTOESTIMA

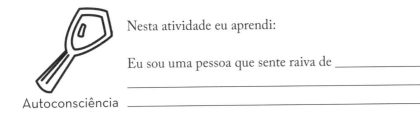

Nesta atividade eu aprendi:

Eu sou uma pessoa que sente raiva de _____
_____

Autoconsciência _____

Sem julgamento, eu posso dizer a mim mesmo que minha raiva é sobre problemas de _____
_____

Aceitação (Preencha com as causas dos problemas da questão D.)

Com coragem para fazer a lição de casa no mundo real, escolha um item da lista abaixo:
Eu irei _____
_____

Ação

Se o objeto era:	Então eu posso:
Você mesmo	Aceitar que a imperfeição é parte do ser humano e que erros são oportunidades para aprender.
Os outros	Falar para o outro "Eu estou com raiva de você porque (use a informação que você aprendeu) e eu quero apenas lhe informar sobre os meus sentimentos. Tudo bem não consertar isso". (DEPOIS tenha um pouco de confiança no processo.)
A raiva que os outros têm de você	Peça a outra pessoa para lhe dizer mais sobre por que ela está com raiva e lembre-se de que a raiva dela é uma afirmação sobre ela mesma, não sobre você.
A vida	Escreva um diário sobre suas mágoas ou compartilhe-as com outras pessoas. Frequentemente, há muito medo por trás dessa raiva. Pense sobre o que podem ser seus medos e compartilhe isso também.
Alguém ausente	Escreva uma carta raivosa ou fale com uma cadeira vazia como se a pessoa estivesse lá, falando para ela sobre sua raiva. Ou use a varinha mágica para recriar situações sobre as quais você sente raiva, mas dê a elas um desfecho diferente na sua imaginação. Procure grupos de apoio se a pessoa ausente é dependente químico.

12
 PENSAR, SENTIR, AGIR

O que você *pensa* sobre problemas tem um tremendo efeito sobre o que você sente e o que você faz para lidar com todas as diferentes áreas da sua vida. Esta atividade pode lhe ajudar a descobrir como você pode transformar um padrão destrutivo em um padrão construtivo.

Atividade:

Escolha uma situação na sua vida que não esteja satisfatória, uma que você gostaria de mudar.

Minha situação é _____
_____
_____
_____

Se puder, decida qual é o seu objetivo para essa situação. Escreva abaixo.

Meu objetivo é _____
_____
_____
_____

Agora responda as seguintes perguntas:

1. Qual mensagem você diz para si mesmo – o que você PENSA – sobre essa situação?

_____

_____

_____

(Transcreva essa informação para o círculo PENSAR.)

2. Como você se SENTE quando pensa sobre essa situação? (Use as ilustrações dos sentimentos neste livro se você precisar de ajuda para nomeá-los.)

_____

_____

_____

(Transcreva essa informação para o círculo SENTIR.)

3. Como você AGE quando se sente dessa forma?

_____

_____

_____

(Transcreva essa informação para o círculo AGIR.)

PENSAR → SENTIR → AGIR

Olhe para o círculo AGIR. Esse comportamento está lhe ajudando a atingir seu objetivo?

Caso NÃO esteja, continue esta atividade para encontrar um padrão mais satisfatório, bem-sucedido e construtivo. Lembre-se de que os outros não lhe fazem pensar, sentir ou agir de uma determinada maneira. Você faz essas escolhas, mesmo que possa não estar consciente de que é você quem as está fazendo. Os outros podem desencadear seu padrão, mas o padrão é seu. As mudanças acontecem a partir da criação de um padrão diferente, em vez de procurar culpados. Como você criou o primeiro padrão, também pode criar um padrão diferente, que lhe ajudará a se mover para mais perto do seu objetivo.

Você pode criar esse novo padrão mudando o que você pensa, sente ou faz. Você pode decidir: "Como eu gostaria de me sentir?" (Lembre-se, palavras como "tipo" ou "isso" NÃO são sentimentos, então use **As faces dos sentimentos**, na página 53, se você precisar de ajuda para identificar um sentimento.)

Preencha o círculo SENTIR com um novo sentimento.

OU você pode decidir "O que eu gostaria de fazer diferente?". Preencha isso no círculo AGIR.

OU você pode decidir "O que eu preferiria dizer a mim mesmo?". Preencha isso no círculo PENSAR. Use as afirmações na próxima página se você precisar de ajuda.

Quando você preencher um dos círculos, você pode se mover de um lado ou outro para preencher os outros dois círculos. Por exemplo, vamos dizer que você decidiu que preferiria se sentir confiante. Você escreveu isso no círculo SENTIR. Agora se pergunte "O que eu precisaria dizer a mim mesmo para me sentir dessa forma?". Escreva o que você diria a si mesmo no círculo PENSAR.

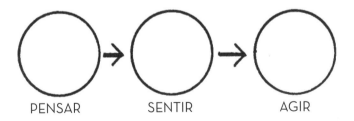

Agora que você sabe o que quer sentir e o que teria que dizer a si mesmo para se sentir dessa maneira, pode decidir o que você faria. Pergunte-se: "O que eu faria se me sentisse dessa maneira?" Este se torna o seu círculo AGIR.

Logo você verá como seus pensamentos influenciam seus sentimentos e, então, o que você faz.

Você pode aprender mais sobre o que é possível fazer criando toda uma nova série de decisões sobre o que você pensa, sente e age por si mesmo.

Afirmações – novos pensamentos

Eu sou original, único e especial, e nunca haverá outro exatamente como eu, então não há necessidade de comparar ou competir.

Eu sou merecedor simplesmente porque existo.

Eu me amo e me aprovo.

Eu mereço ser feliz.

Eu sou 100% responsável pelo que acontece comigo.

Tudo bem cometer erros.

Eu posso amar, em vez de repreender, a minha criança interior.

Eu confio em mim.

Eu vou fazer coisas agora para ser feliz.

Eu sou digno de ser amado exatamente do jeito que sou.

FOLHA DE RESUMO DA AUTOESTIMA

Autoconsciência

Nesta atividade eu aprendi:

Eu sou uma pessoa que pensa _____, sente _____ e age_____.
(Preencha com seu primeiro padrão.)

Aceitação

Sem julgamento, eu posso me lembrar de que posso mudar qualquer um dos círculos, e isso vai resultar em mudar todos os círculos. Eu posso afirmar: "Tudo bem eu pensar, sentir ou fazer qualquer uma dessas coisas. Isso é apenas o que está acontecendo comigo agora".

Ação

Com coragem para fazer a lição de casa no mundo real, eu posso mudar meu sentimento para _____
_____
_____

ou meu pensamento para _____
_____
_____

ou minha ação para _____
_____
_____

13

ESTABELECER OBJETIVOS

Ao tomar suas próprias decisões sobre como deseja usar seu tempo, estabelecer seus próprios objetivos e fazer suas próprias escolhas, você se sente mais encorajado. Tomar suas próprias decisões significa ser proativo. Nesta atividade você pode aprender a ser mais ativo em tomar suas próprias decisões em vez de reagir às decisões de outros ou o que por ventura esteja acontecendo ao seu redor.

Aqui estão alguns passos para lhe ajudar a pensar sobre seus objetivos.

Atividade:

1. Dedique um tempo para pensar sobre sua vida agora. Desenhar uma imagem do que você está fazendo, usando um círculo para preencher a porcentagem de tempo que você gasta atualmente em um dia normal pode lhe ajudar a enxergar o que preenche seu tempo. (Talvez você queira usar a lista a seguir para lhe ajudar a pensar nas áreas da sua vida.)

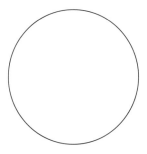

Lista: *trabalho, filhos, diversão do casal, diversão em família, férias, exercícios, saúde, tarefas do lar, amigos fora da família, parentes, crescimento espiritual, tempo para você mesmo.*

2. Como você gostaria que sua vida fosse daqui a cinco anos? (Pense qual idade você terá ou quais idades seus filhos terão para lhe ajudar a definir uma imagem mais clara do que "daqui a cinco anos" significa.) Liste cinco coisas que você gostaria de ver na sua vida.

   1. _____
   2. _____
   3. _____
   4. _____
   5. _____

Estes são seus objetivos de longo prazo.

3. Agora, pergunte-se como você gostaria de levar a vida se tivesse apenas um mês para viver. Liste três coisas que você faria.

   1. _____
   2. _____
   3. _____

Estes são seus objetivos de curto prazo.

Olhe para as listas das questões 2 e 3. O que salta aos seus olhos? Você está fazendo alguma coisa no presente para atingir tanto o seu objetivo de longo prazo como o de curto prazo? Escreva três conclusões que você tirou depois de comparar essas duas listas.

Conclusão 1 _____

_____

_____

_____

Estabelecer objetivos

Conclusão 2 _____

_____

_____

_____

Conclusão 3 _____

_____

_____

_____

Se você quiser fazer algumas mudanças na sua vida para que mais dos seus objetivos estejam incluídos, mas você não está certo de como proceder, há alguns passos que você pode dar para lhe ajudar a se mover na direção para a qual você está apontando. Se um objetivo parece difícil de alcançar, às vezes fragmentar o objetivo em passos necessários para alcançá-lo pode ajudar. Escolha um dos seus objetivos e elabore ideias do que você poderia fazer para alcançá-lo.

Objetivo: _____

_____

Passo 1: _____

_____

Passo 2: _____

_____

Passo 3: _____

_____

AGORA DIVIDA OS PASSOS ainda mais, escolhendo um dos passos e fragmentando-o em MINIPASSOS. Quais são as primeiras três coisas que você teria que fazer para dar um dos passos?

Passo: _____

_____

Minipasso 1: _____

_____

Minipasso 2: _____

_____

Minipasso 3: _____

_____

Agora você pode começar dando um dos MINIPASSOS para alcançar seu objetivo.

FOLHA DE RESUMO DA AUTOESTIMA

Nesta atividade, eu aprendi:

Eu sou uma pessoa cujo objetivo de longo prazo é

_____

(Preencha com um dos seus objetivos de longo prazo da atividade.)

Autoconsciência

Sem julgamento, eu posso afirmar que está tudo bem se meus objetivos e minhas atividades reais do dia a dia são iguais ou diferentes. Isso é apenas o que está acontecendo na minha vida agora. Eu posso perceber se sou:
- Reativo?
- Proativo?
- Resistente a qualquer atividade que possui a palavra objetivo ou cronograma?

Aceitação

Estabelecer objetivos

Com coragem para fazer a lição de casa no mundo real, eu posso escolher um dos minipassos da minha lista para começar. Meu minipasso é _____.

Ação

COMPREENSÃO

Baseado no livro *Understanding,* de Jane Nelsen.

Às vezes, você pode aprender mais sobre um problema recorrente ampliando a sua compreensão. Ao agir assim, isso lhe ajuda a se desapegar de coisas que você não pode controlar e usar a sua força e ideias para lidar com coisas que você pode controlar. Isso é chamado de aceitação.

Para se mover em direção à aceitação você precisa saber que há muitas realidades diferentes. Cada ser humano tem seus próprios pensamentos e os pensamentos de cada um são diferentes. Os pensamentos de ninguém são melhores ou piores, certos ou errados. São apenas diferentes. Vamos ver como isso funciona.

Atividade:

1. Em qual problema recorrente você gostaria de focar?

2. Quais são seus pensamentos sobre esse problema?

3. Quais você acha que seriam os pensamentos de outras pessoas sobre esse problema?

Você pode não ter notado ou prestado atenção, mas provavelmente tem sentimentos profundos passando dentro de você quando pensa nesse problema.

4. Pense na última vez que você estava tendo esse problema e procure dentro de você como estava se sentindo. Use somente palavras que descrevam esses sentimentos, não palavras tais como "eu senti que ele", "como se", "eles" etc. (Lembre-se de usar **As faces dos sentimentos** na p. 53, se você precisar de ajuda.)

Eu senti _____

Sentimentos são o melhor guia que você tem sobre o que realmente está acontecendo. Lembre-se de que os sentimentos estão dentro de si e dão informações valiosas sobre você, não sobre os outros.

5. Se ouvisse atentamente os seus sentimentos e deixasse que eles lhe guiassem, aonde eles levariam você? O que você faria?
   _____
   _____
   _____
   _____
   _____
   _____
   _____

A vida tem ciclos. Nada dura para sempre e o que parece muito importante hoje pode ser esquecido amanhã.

Conhecer-se é amar a si próprio

6. Se você pensasse nesse problema como se fosse um ciclo, o que diria a si mesmo?

_____
_____
_____
_____
_____
_____
_____
_____

FOLHA DE RESUMO DA AUTOESTIMA

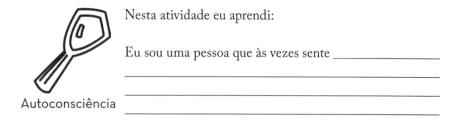

Nesta atividade eu aprendi:

Eu sou uma pessoa que às vezes sente _____
_____
_____

Autoconsciência

Sem julgamento, eu posso afirmar que: "Estes são meus sentimentos. Eles são informações sobre mim e não são bons ou maus, certos ou errados. É importante que eu me lembre de que outras pessoas têm realidades diferentes".

Aceitação

Compreensão

Ação

Com coragem para fazer a lição de casa no mundo real, eu posso escolher uma das opções a seguir: (Circule o número daquela que você decidir fazer.)

1. Eu posso perguntar aos outros o que estão pensando em vez de ter que adivinhar.

2. Eu posso dar a mim mesmo permissão para escutar meus sentimentos e confiar neles para me guiarem.

3. Eu posso confiar no processo cíclico da vida.

Conhecer-se é

amar a si próprio.

Coragem vem com a consciência

de quem você é

e a aceitação de quem você é

(LEMBRE-SE, VOCÊ É BOM O SUFICIENTE
EXATAMENTE DO JEITO QUE VOCÊ É.)

ao agir no mundo real.

Com coragem, há esforço,

prática, aprendizado, tentativas, ação

e crescimento.

Então,

continue um bom trabalho!

Confie em você mesmo!

Faça acontecer!